Der Froschkönig
Nach einem Märchen der Brüder Grimm

Illustriert von Elizabeth Webbe

CARLSEN VERLAG · REINBEK BEI HAMBURG

In alten Zeiten lebte ein König, dessen jüngste Tochter war so schön, daß selbst die Sonne sich verwunderte, sooft sie ihr ins Gesicht schien.

Das Königskind spielte oft an einem Brunnen im Wald mit einer goldenen Kugel. Einmal trug es sich zu, daß die Kugel ins Wasser rollte.

Da fing die Prinzessin an zu weinen. Und wie sie so klagte, streckte ein Frosch seinen dicken Kopf aus dem Wasser.

»Was gibst du mir«, sagte er, »wenn ich deine Kugel wieder heraufhole?«
»Was du haben willst: Perlen und Edelsteine und auch noch meine goldene Krone.«
»All das mag ich nicht, aber wenn du mich liebhaben willst, dann will ich dir die goldene Kugel heraufholen.«

»Ach ja«, sagte sie, »ich verspreche dir alles, was du willst, wenn du mir nur die Kugel wiederbringst.«

Sie dachte aber: Was der einfältige Frosch doch schwätzt, der sitzt im Wasser und quakt und kann keines Menschen Gefährte sein.

Der Frosch tauchte hinab. Nach einem Weilchen kam er wieder heraufgerudert, hatte die Kugel im Maul und warf sie ins Gras. Die Königstochter freute sich sehr, hob die Kugel auf und sprang damit fort.

»Warte«, rief der Frosch, »nimm mich mit!« Sie hörte nicht darauf und eilte nach Haus.

Am nächsten Tag, als sie mit dem König beim Essen saß, da kam, plitsch platsch, plitsch platsch, etwas die Marmortreppe herauf, klopfte an die Tür und rief: »Königstochter, jüngste, mach mir auf, weißt du nicht, was gestern
du zu mir gesagt
bei dem kühlen Brunnenwasser?
Königstochter, jüngste, mach mir auf!«

Sie lief und öffnete, und da saß der Frosch davor. Hastig warf sie die Tür wieder zu, und es war ihr ganz angst.

Der König sprach: »Mein Kind, was fürchtest du dich?«
»Ach«, sagte sie, »als ich gestern im Wald bei dem Brunnen saß, da fiel meine goldene Kugel ins Wasser.

Der Frosch hat sie wieder heraufgeholt, und ich versprach ihm, er sollte mein Gefährte werden. Ich dachte aber nicht, daß er aus seinem Wasser herauskönnte.«

Da sagte der König: »Was du versprochen hast, das mußt du auch halten. Geh nur und öffne die Tür.«

Sie öffnete die Tür, und der Frosch hüpfte herein. »Heb mich herauf zu dir«, sagte er.

Als er auf dem Stuhl war, wollte er auf den Tisch, und als er da saß, sprach er: »Schieb mir dein goldenes Tellerchen näher, damit wir zusammen essen können.«

Der Frosch ließ es sich gut schmecken, ihr aber blieb fast jeder Bissen im Halse. Endlich sprach der Frosch: »Ich bin müde.

Trag mich in dein Zimmer und mach dein seidenes Bett für uns zurecht.« Sie fürchtete sich vor dem kalten Frosch, deshalb packte sie ihn mit zwei Fingern und setzte ihn in eine Ecke. Doch als die Königstochter im Bett lag, kam er zu ihr gehüpft.

Da wurde sie bitterböse und warf ihn mit allen Kräften gegen die Wand.
»Nun wirst du Ruhe geben, du garstiger Frosch!« Als er aber herabfiel, war er kein

Frosch, sondern ein Königssohn mit schönen, freundlichen Augen. Er erzählte ihr, er wäre von einer bösen Hexe verwünscht worden, und niemand hätte ihn aus dem Brunnen erlösen können als die Königstochter allein.

Am andern Morgen kam ein Wagen herangefahren, mit acht weißen Pferden bespannt. Der wollte den jungen König in sein Reich abholen. Und die Prinzessin fuhr mit ihm als seine Braut.

© Carlsen Verlag · Reinbek
Copyright © 1959 by Rand McNally & Co.
60376
ISBN 3 551 03127 4 (Einzeltitel)
ISBN 3 551 05810 5 (Serie 17–18 in Kassette)